BEI GRIN MACHT SICH IHR WISSEN BEZAHLT

AF146007

- Wir veröffentlichen Ihre Hausarbeit,
  Bachelor- und Masterarbeit

- Ihr eigenes eBook und Buch -
  weltweit in allen wichtigen Shops

- Verdienen Sie an jedem Verkauf

Jetzt bei www.GRIN.com hochladen und kostenlos publizieren

Bibliografische Information der Deutschen Nationalbibliothek:

Die Deutsche Bibliothek verzeichnet diese Publikation in der Deutschen National-
bibliografie; detaillierte bibliografische Daten sind im Internet über http://dnb.d-
nb.de/ abrufbar.

Impressum:

Copyright © 2019 GRIN Verlag
Druck und Bindung: Books on Demand GmbH, Norderstedt Germany
ISBN: 9783668998346

Dieses Buch bei GRIN:

https://www.grin.com/document/495713

Isabel-Nicole Werk

Die Zukunft der Erwerbsarbeit

GRIN Verlag

Einsendeaufgaben

Alternative B

Die Zukunft der Erwerbsarbeit

SRH Fernhochschule

Modul: Rahmenbedingungen der Personal- und
Organisationspsychologie Studiengang: Wirtschaftspsychologie, B. Sc.

von
Isabel-Nicole Werk

Studiengang: Wirtschaftspsychologie, B. Sc.

Inhaltsverzeichnis

Abkürzungsverzeichnis

bspw.	beispielsweise
ebd.	ebenda
et al.	und andere
IAQ	Institut Arbeit und Qualifikation (der Universität Duisburg-Essen), Duisburg
i. d. R.	in der Regel
IuK	Informations- und Kommunikationstechnik
MNU	Multinationales Unternehmen
u. a.	unter anderem
Vgl.	Vergleiche
z. B.	zum Beispiel

Abbildungsverzeichnis

Tabellenverzeichnis

1. B1 – Virtuelle Teams

Die in den letzten Jahrzehnten fortschreitende Globalisierung sowie die daraus u. a. entstehende Dezentralisierung und Flexibilisierung, haben immense Veränderungen auf dem weltweiten Arbeitsmarkt zur Folge. Durch die ansteigende Verfügbarkeit innovativer, moderner Informations- und Kommunikationstechniken („IuK"), wird es immer mehr Unternehmen möglich, sog. virtuelle Teams zu bilden. Virtuelle Teams unterscheiden sich von konventionellen Teams zunächst in der Hinsicht, dass ihre Mitglieder standortübergreifend verteilt agieren, d. h., die räumliche Nähe der Teammitglieder zueinander entfällt.[1] Dies kann innerhalb eines Unternehmens oder in verschiedenen Bezirken einer Stadt erfolgen, aber verteilt auf mehrere Städte, oder multinational in unterschiedlichen Ländern. Das zweite ausschlaggebende Merkmal virtueller Teams bezieht sich auf das bereits im Namen enthaltene Adjektiv "virtuell", welches bedeutet, dass ihre Mitglieder hauptsächlich über die bereits erwähnten verfügbaren Informations- und Kommunikationstechniken verbunden sind bzw. kommunizieren.[2] Dies können wiederum E-Mails sein, Kommunikation per Telefon oder Intranet, sowie bestimmte Online-Tools oder -Apps (sog. „Social Software"[3]), die sich auf diese Maßnahmen spezialisieren. Präsenzteams hingegen kommunizieren in der Regel vorwiegend über die „Face-to-Face"-Variante, d. h. von Angesicht zu Angesicht.

1.1 Chancen und Risiken

Die Zusammenarbeit von Menschen innerhalb eines virtuellen Teams bietet viele Chancen gegenüber eines gewöhnlichen Teams. Ein entscheidender Vorteil besteht im sich reduzierenden Kostenfaktor.[4] Für das Zusammenführen der an verschiedenen Standorten sitzenden Teammitglieder, bspw. zum Abhalten von Meetings, fallen in der Regel hohe Reisekosten an, die durch eine Durchführung des Meetings über ein entsprechendes Online-Tool, wegfallen. Weiterhin muss bei der Zusammensetzung des Teams nicht mehr an der räumlichen

---

[1] Vgl. *Onpulson.de* (2018) (a)
[2] Vgl. *ebd.*
[3] Vgl. *App* (2013), S. 12-13
[4] Vgl. *Müller* (2011), S. 8

Verfügbarkeit der Mitglieder festgehalten werden, sondern es kann auf die fach-
lich relevanten Fähigkeiten abgestellt werden. Die Teammitglieder sind aufgrund der Standortunabhängigkeit zugänglich und können kurzfristig in das virtuelle Team aufgenommen werden.[5] Ebenso können auch relativ spontan und
ohne großen Zeitaufwand auch weitere Mitglieder, wie Spezialisten für beson-
dere Themen hinzugerufen werden. Diese standortübergreifenden Möglichkei-
ten zur Heranziehung verschiedener qualifizierter Teammitglieder führen zu
einer größeren Flexibilität und Handlungsmöglichkeiten des virtuellen Teams.[6]
Zudem erfolgt aufgrund der Arbeit über moderne Informations- und Kommunikationstechniken eine automatische Digitalisierung der übermittelten Nachrich-
ten, Dokumente, etc., sowie eine schnellere und gesicherte Verfügbarkeit und
Weitergabe an Informationen.[7] Die daraus resultierenden erweiterten Handlungsmöglichkeiten, aber auch Zeit- und Kostenersparnisse, könnten wiederum
eine höhere Arbeitsmotivation zur Folge haben. Ebenfalls zu beachten ist die
Bearbeitung einer Aufgabe in multikulturellen Teams, die durch Zusammenstel-
lung eines virtuellen Teams entstehen können. Durch die unterschiedlichen
Herangehensweisen der kulturell diversen Teammitglieder, kann es vorerst zu
einer erhöhten Komplexität kommen, welche allerdings durch das Zusammen-
wirken von unterschiedlichen Ansichten und Lösungsalternativen zu effizienten
Resultaten führen und somit die Kreativität der Teammitglieder fördern können.[8]
Ein anderer großer Vorteil durch die verschiedenen Zeitzonen besteht darin,
dass weitestgehend 24/7 am Produkt gearbeitet werden kann („Follow-the-Sun-
Entwicklung").[9]

So viele Chancen, wie es für die virtuellen Teams gibt, so viele Risiken gilt es
allerdings auch zu beachten. Zunächst kann es durch die räumliche Trennung
der Teammitglieder dazu kommen, dass es Einzelnen durch die Isolation nicht
gelingt, sich mit dem gesamten Team zu identifizieren und als Folge bspw. die
Arbeitsmotivation verloren geht. Eine weitere Konsequenz der räumlichen
Trennung könnte sein, dass es durch die fehlende lokale Kontrolle zu vermeid-
baren Missverständnissen und Konflikten kommen könnte. Das birgt die Gefahr

---

[5] Vgl. *Konradt/Hertel* (2002), S. 31
[6] Vgl. *Konradt/Hertel* (2002), S. 31-32
[7] Vgl. *ebd.*
[8] Vgl. *Köppel* (2007), S. 110
[9] Vgl. *RKW* (2011), S. 10

einer Art Polarisierung und Lagerbildung von Teammitgliedern.[10] Nicht zu vergessen sind die möglichen Differenzen, die aufgrund der kulturellen Diversität der Teammitglieder und ihren verschiedenen Auffassungen von Arbeit, Führung, ö. ä. zu Konflikten innerhalb des Teams führen könnten. Ein weiterer Nachteil besteht in der Tatsache, dass, besonders bei multinationalen Teams, durch die verschiedenen Zeitzonen in der Regel nur ein geringes Zeitfenster, bspw. zur Durchführung von Meetings, besteht, was demnach nur mit erheblichem Planungsaufwand verbunden ist. Gegebenenfalls kann das auch zur Folge haben, dass die Arbeit zu verschiedensten Zeiten (früh morgens, spät abends, nachts) erforderlich ist. Des Weiteren besteht, trotz bisher weit entwickelten Kommunikationstechniken, die Gefahr eines Technikversagens. Es kann schließlich nicht zu 100 % sichergestellt werden, dass jedes Netzwerk und Tool an jedem Standort der jeweiligen Teammitglieder zum vereinbarten Zeitpunkt fehlerfrei funktioniert.

1.2 Anforderungen für Mitarbeiter und Führungskräfte

Um die im vorigen Absatz beschriebenen Chancen nutzen und Risiken bewältigen zu können, bedarf es einer Beachtung diverser neuer Anforderungen, sowohl der Mitarbeiter eines virtuellen Teams, aber vor allem auch der Führungskräfte eines solchen Teams.

Zunächst sollten die Mitarbeiter idealerweise mit dem Hauptmerkmal eines virtuellen Teams vertraut sein – dem Umgang neuer Informations- und Kommunikationstechnologien, über die hauptsächlich kommuniziert wird. Sie sollten insofern auch in der Lage sein, bei kleineren technischen Störungen (z. B. während eines Meetings), diese selbstständig und ohne externe Hilfe eines IT-Spezialisten zu lösen. Durch die physische Isolation erfordert die Mitarbeit in einem virtuellen Team vor allem eine gewisse Selbstständigkeit, Eigenverantwortlichkeit sowie ein gutes Maß an Selbstmotivation und -management.[11] Auch eine gewisse Flexibilität (bspw. durch Kollegen in anderen Zeitzonen) und eigenständige Lernfähigkeit sind gefordert.[12] Aufgrund der kulturellen Vielfalt der

---

[10] Vgl. *Konradt/Hertel* (2002), S. 33-34
[11] Vgl. *RKW* (2011), S. 32
[12] Vgl. *Konradt/Hertel* (2002), S. 42

Teammitglieder, wäre es von Vorteil, alle Mitarbeiter bezüglich anderer Kulturen und dahingehend verschiedener Ansichten, Werte, Sitten und Verhaltensweisen zu sensibilisieren und über Herangehensweisen zur Lösung bei möglichen Konfliktsituationen zu schulen, wenn nicht schon geschehen.[13] Demzufolge sind neben den fachlichen Fähigkeiten auch einige soziale Kompetenzen von den Mitarbeitern eines virtuellen Teams gefragt.

In Bezug auf die Führung virtueller Teams trifft man, im Vergleich zur Führung von Präsenzteams, auf ein völlig verändertes Führungsverständnis. In Anbetracht der Tatsache, dass die Mitarbeiter eines erfolgreichen virtuellen Teams u. a. in der Lage sein sollten, sich selbst zu führen und zur Arbeit zu motivieren, gibt es Stimmen, die Zweifel an der Notwendigkeit einer Führungskraft haben[14], jedoch ist das Gegenteil der Fall. Die Basis, auf der Führungskräfte ihre virtuellen Teams leiten sollten, stellt ein geregeltes beidseitiges Vertrauensverhältnis dar.[15] Im Mittelpunkt der Anforderungen an den Teamleiter steht demnach der Aufbau eines solchen tiefgehenden Vertrauensverhältnisses zwischen Führung und Mitarbeitern.[16] Um diese Entwicklung und Aufrechterhaltung des langfristigen Vertrauens untereinander zu garantieren, benötigt der Teamleiter über seine fachlichen Qualitäten hinaus, einige soziale Kompetenzen, die sog. Soft-Skills. Dabei ist es bspw. die Aufgabe der Führungskraft, durch sein Kommunikationsgeschick sowie Sensibilität, das Aufeinandertreffen und Kennenlernen seiner Mitarbeiter mit diversen kulturellen Hintergründen so zu steuern, dass es zu keinen Konflikten oder Missverständnissen kommt. Weiterhin erfordert es eine hohe kooperative Arbeitsweise, um die Teammitglieder, trotz physischer Distanz, regelmäßig zu motivieren sowie ausreichend Interesse für den einzelnen Mitarbeiter zu zeigen, um eine Isolation zu vermeiden.[17] Ein erfolgsunterstützender Faktor kann hierbei ein ergebnis- bzw. zielorientierter Führungsstil sein, das sog. „management by objectives", denn dieser gewährleistet eine höhere Arbeitsmotivation durch mehr Verantwortungsübertragung, Handlungsspielraum und Feedbackmanagement.[18]

[13] Vgl. *Kühne* (2010), S. 110
[14] Vgl. *Konradt/Hertel* (2002), S. 46
[15] Vgl. *Konradt/Hertel* (2002), S. 51
[16] Vgl. *ebd.*
[17] Vgl. *HKW* (2011), S. 46
[18] Vgl. *Konradt/Hertel* (2007), S. 65

Abschließend wird im folgenden Abschnitt ein Konzept zur Entwicklung eines virtuellen Teams in einem multinationalen Unternehmen (nachfolgend „MNU") entwickelt, in welches die bisher erläuterten Faktoren miteinbezogen werden.

1.3 Konzept zur Etablierung eines virtuellen Teams in einem MNU

Multinationale Unternehmen sind Unternehmen, dessen Produktionsstandorte mindestens in zwei verschiedenen Ländern niederlässig sind.[19] Durch die standortübergreifende Zusammenarbeit innerhalb des Unternehmens entstehen zwangsläufig virtuelle Teams. Konradt und Hertel entwickeln 2002 ein Konzept zur Erstellung und zur Gestaltung eines solchen virtuellen Teams, das sich in fünf verschiedene Phasen gliedert:

Phasen und Aufgaben des Managements virtueller Teams	
Phase 1 Aufbau und Konfiguration	➢ Auswahl Teamleiter ➢ Auswahl Mitarbeiter ➢ Strukturelle Bedingungen ➢ Zuschnitt der Aufgaben
Phase 2 Start und Initiierung	➢ Kick-off-Meeting ➢ Regeln
Phase 3 Erhaltung und Regulation	➢ Motivation ➢ Vertrauensförderung ➢ Konfliktmanagement
Phase 4 Optimierung und Korrektur	➢ Prozessentwicklung ➢ Evaluationsmaßnahmen ➢ Trainings
Phase 5 Beendigung	➢ Würdigung der Erfolge ➢ Neuorientierung und Reintegration der Mitarbeiter

Tabelle 1.3: Phasen und Aufgaben des Managements virtueller Teams
Quelle: Eigene Darstellung, in Anlehnung an *Konradt/Hertel* (2002), S. 47

---

[19] Vgl. *Onpulson.de* (2018) (b)

❖ Phase 1 – Aufbau und Konfiguration des virtuellen Teams

In der ersten Phase wird zunächst eine Auswahl über passende Mitarbeiter und Führungskräfte getroffen. Diese Entscheidungen bedürfen einen langwierigen Prozess, da aufgrund der verschiedenen, oben bereits erläuterten Anforderungen an beide Seiten, die Wahl nicht auf irgendwen fallen, sondern wohlüberlegt sein sollte. Der nächste Punkt ist die Wahl der Informations- und Kommunikationstechnologien. Hierbei sollte dafür gesorgt werden, dass alle Teammitglieder mit der benötigten Hard- und Software ausgestattet sind und ohne technologische Barrieren mit den Kollegen kommuniziert werden kann. Dazu gehören Standard-Programme, wie z. B. ein gängiges E-Mail-Konto, Telefone, aber auch Video-Konferenz-Systeme, sowie entsprechende Groupware/Kollaborations-Tools (Projektmanagement-Tools, ein elektronischer Gruppenkalender, Wissensmanagement-Tools), Social Software (Blogs, Foren, Pinnwände, etc.) und eine Cloud zur sicheren Nutzung und Ablage bereitgestellter Dokumente/Dateien.[20] Anschließend werden die Arbeitsaufgaben strukturiert und an alle Mitglieder verteilt.

❖ Phase 2 - Start und Initiierung

Im nächsten Schritt ist es empfehlenswert, vor dem eigentlichen Beginn der Teamarbeit, ein Kick-off-Meeting einzuberufen.[21] In diesem Meeting haben die Mitglieder die Möglichkeit, die ihnen zugewiesenen Aufgaben und Rollen detailliert zu besprechen, um so bereits aufkommende Schwierigkeiten oder Unklarheiten aus dem Weg zu räumen. Des Weiteren lernen sich die Kollegen von Angesicht zu Angesicht kennen, was anfängliches Vertrauen zueinander aufbaut und dadurch eine langfristig erfolgreiche Zusammenarbeit stärkt.[22] Dieses persönliche Zusammentreffen aller Teammitglieder wird gleichzeitig dazu genutzt, um gemeinsame Ziele zu besprechen, zu priorisieren und deren Erreichung zu planen. In diesem Zusammenhang wird auch explizit das Regelwerk der Zusammenarbeit festgelegt und weitere notwendige Faktoren besprochen.[23]

---

[20] Vgl. *RKW* (2011), S. 26
[21] Vgl. *Konradt/Hertel* (2002), S. 75
[22] Vgl. *RKW* (2011), S. 45
[23] Vgl. *Konradt/Hertel* (2002), S. 75-76

❖ Phase 3 – Erhaltung und Regulation

In der dritten Phase spielt die Führungskraft eine bedeutende Rolle. Es ist ihre Aufgabe, das Team während der Arbeit durch die hohe Kommunikationskompetenz durchgehend zu unterstützen und ihre Selbstregulation zu fördern.[24] Die Führungskraft sollte die Arbeitsprozesse im Blick haben bzw. so koordinieren, dass auch die restlichen Teammitglieder stets ihre Motivation und Engagement beibehalten. Zu beachten sind hierbei regelmäßiges konstruktives Feedback, sowie Kommunikation auch außerhalb des Arbeitsbereiches, um evtl. Missverständnisse und Konflikte zu vermeiden und das Vertrauen zueinander zu stärken.

❖ Phase 4 – Optimierung und Korrektur

Sollten zwischendurch Probleme auftreten, sei es auf Beziehungsebene bei der Kommunikation der Teammitglieder oder auf Sachebene bei der Bearbeitung einer Aufgabe, so sollten in dieser Phase alle gesammelten Daten zu dem bestehenden Problem diagnostiziert, analysiert und durch verschiedenste Instrumente und Maßnahmen korrigiert werden.[25] Durch regelmäßige Evaluationen von Hindernissen oder Störfaktoren im Arbeitsprozess, können negative Entwicklungen aufgehalten werden. Zusätzlich empfiehlt es sich, alle Teammitglieder dahingehend durch Coachings, Seminare oder Workshops zu schulen, um ihr Commitment und Vertrauen zu intensivieren.[26]

❖ Phase 5 – Beendigung[27]

Es gibt einige virtuelle Teams, die ihre Zusammenarbeit bei Erreichung eines bestimmten Ziels (z. B. ein Projekt) beenden. Nach erfolgreicher Beendigung eines dieser Projekte sollte eine Anerkennung der erreichten Erfolge und Wertschätzung der Arbeit stattfinden. Weiterhin ist es empfehlenswert, auch nicht erreichte Erfolge festzuhalten und dabei jede notwendige Information zu sichern, um diese bei zukünftigen Projekten positiv verwerten zu können. Zu guter Letzt sollten alle Teammitglieder emotional von der Projektarbeit gelöst und ausreichend verabschiedet werden.

---

[24] Vgl. *Konradt/Hertel* (2002), S. 83
[25] Vgl. *Konradt/Hertel* (2002), S. 120
[26] Vgl. *Konradt/Hertel* (2002), S. 121-128
[27] Vgl. *Schuler/Sonntag* (Hrsg.) (2007), S. 717

2. B2 - Arbeitskraftunternehmer

Seit Beginn der Globalisierung Anfang der 80er Jahre, erfährt die Arbeitswelt einen stetigen Wandel im Sinne von Flexibilisierung und Entgrenzung von Arbeit.[28] Flexibilisierung der Arbeitswelt lässt sich in diesem Sinne als eine Art Gegenhaltung des seit der letzten Jahrhundertwende bis ca. in die 70er Jahre vorherrschenden Taylorismus ansehen.[29] Taylorismus, auch Fordismus genannt, meint eine Art der Betriebsführung, in der die Menschen nur als Produktionsfaktor betrachtet werden und die zu leistende Arbeit (i. d. R. Massenproduktion) nur wenige Denkprozesse voraussetzt (z. B. Fließbandarbeit).[30] Körper und Geist des Arbeitnehmers werden hier als getrennt voneinander betrachtet, denn der Mensch soll die Arbeit nicht hinterfragen sondern einfach nur seine strikt vorgegebenen und meist monotonen Aufgaben erledigen. Durch die heutzutage fortschreitende Flexibilisierung entstehen demzufolge mehr Anforderungen an Arbeitskräfte (bestimmte Qualifikationen und Fachkenntnisse); dabei werden mehr Aufgaben durch Outsourcing externalisiert und aufgrund der Entstehung flexiblerer Technologien ist eine schnellere Erledigung der Arbeitsprozesse möglich.[31] Entgrenzung hingegen beschreibt eine wachsende Zerbrechlichkeit, Verminderung oder den kompletten Zerfall von (in Bezug auf die Arbeitswelt) u. a. innerbetrieblichen Strukturen, wie festen Arbeitszeiten und-formen, Hierarchien, etc.[32]

2.1 Definition und Abgrenzung

Die soeben erläuterten Entwicklungen im Zuge der Globalisierung haben einen großen Einfluss auf die betriebliche Arbeitsorganisation.[33] Durch die Dezentralisierung und Internationalisierung von Arbeit und Öffnung der Märkte weltweit, sind Unternehmen u. a. einem enormen Wettbewerbsdruck ausgesetzt.[34] Die bis dahin dominierende Form des sog. „verberuflichten Arbeitnehmers"[35] wird

---

[28] Vgl. *Voß* (1998), S. 473
[29] Vgl. *Szydlik* (2008), S. 8
[30] Vgl. *Gabler Wirtschaftslexikon* (2018)
[31] Vgl. *Szydlik* (2008), S. 8
[32] Vgl. *Jurczyk et al.* (2009), S. 27
[33] Vgl. *Pongratz/Voß* (2003), S. 21
[34] Vgl. *Pongratz/Voß* (2003), S. 21-23
[35] Vgl. *Pongratz/Voß* (2003), S. 10

jedoch durch seine eher passive, begrenzte Arbeitsweise, in der er nur starr seine ihm zugeteilten Aufgaben erledigt (vergleichbar mit Arbeitnehmern während des Taylorismus), nicht dem zu entgegnendem Druck und den neuen Herausforderungen gerecht, wodurch aus betrieblicher Sichtweise eine erweiterte Nutzung der Arbeitskraft notwendig wird.[36] Der oben erwähnte Wegfall der Strukturen bzw. die Entgrenzung der Arbeit führt zu einer neuen Grundform von Arbeitskraft – dem Arbeitskraftunternehmer.[37] Die Soziologen Pongratz und Voß prägten den Begriff bereits im Jahr 1998, in dem sie ihn als neuen Leittypus der gesellschaftlichen Formung von Arbeitskraft definieren.[38] Ihrer Ansicht nach lässt sich dieser Trend als Folge der Subjektivierung von Arbeit beschreiben, denn der Arbeitnehmer ist heutzutage u. a. dazu gefordert, seine Arbeit eigenverantwortlich zu organisieren (eigene Gestaltung seiner Arbeitszeiten), seine Fähigkeiten eigenständig anzubieten und zu bewerben (inner- und außerbetrieblich), sowie auch seine private Lebensgestaltung dahingehend auszurichten, dass er weiterhin dazu fähig bleibt, Leistung zu bringen.[39] Pongratz und Voß fassen die typischen Merkmale des Arbeitskraftunternehmers daher wie folgt zusammen:

Merkmal	Beschreibung
Selbst-Kontrolle	Verstärkte selbstständige Planung, Steuerung und Überwachung der eigenen Tätigkeit
Selbst-Ökonomisierung	Zunehmende aktiv zweckgerichtete „Produktion" und „Vermarktung" der eigenen Fähigkeiten und Leistungen – auf dem Markt wie innerhalb von Betrieben
Selbst-Rationalisierung	Wachsende bewusste Durchorganisation von Alltag und Lebenslauf und Tendenz zur Verbetrieblichung der Lebensführung

Tabelle 2.1: Merkmale des Arbeitskraftunternehmers
Quelle: Eigene Darstellung, in Anlehnung an *Pongratz/Voß* (2003), S. 24

Der Arbeitskraftunternehmer ist durch den gezielten Rückgang der direkten Kontrolle in Betrieben dazu angehalten, seine Arbeitsleistung und Ressourcen (erworbene Fähigkeiten, Qualifikationen) im Sinne des Arbeitgebers und den

---

[36] Vgl. *Pongratz/Voß* (2003), S. 22
[37] Vgl. *Pongratz/Voß* (2003), S. 21-24
[38] Vgl. *Pongratz/Voß* (2003), S. 10
[39] Vgl. *Minssen* (2012), S. 109-110

von ihm gesetzten Leistungszielen selbst zu koordinieren und zu überwachen.[40] Zur Selbst-Ökonomisierung gehört ein gewisses Selbst-Marketing, indem der Arbeitskraftunternehmer seine eigenen Qualitäten dem (potenziellen) Arbeitgeber gegenüber bewirbt und sich von selbst anbietet bzw. zur Verfügung stellt. Dabei liegt es in seiner eigenen Verantwortung, die Balance zwischen Privat- und Arbeitsleben herzustellen (Selbst-Rationalisierung).[41] Zusammenfassend lässt sich sagen, dass der Arbeitskraftunternehmer der erfolgten Erläuterung nach mit sich selbst einen eigenen Betrieb unterhält, sozusagen ein „Unternehmen im Unternehmen" („Intrapreneuring").[42]

2.2 Selbstverständnis des Modells „Arbeitskraftunternehmer"

Der im vorigen Abschnitt genannte „verberuflichte Arbeitnehmer" ist in der heutigen Arbeitswelt größtenteils noch präsent. Jedoch gibt es einen spürbaren Trend, der, wie bereits im ersten Kapitel beschrieben, nicht zuletzt durch die Globalisierung bzw. Öffnung der Märkte vorangetrieben wird. Als Beispiel lässt sich an diesem Punkt die Entstehung virtueller Teams anführen, dessen Mitglieder durch das o. g. „management by objectives" ein Ziel von der Führungskraft vorgegeben bekommen, wobei die Art bzw. der Weg zur Erreichung des Ziels den Mitarbeitern freigestellt ist.[43] Diese Form der Arbeit ist vergleichbar mit der des Arbeitskraftunternehmers, bei dessen Arbeit es ebenfalls nur auf das Ergebnis ankommt.[44] Auch in Sachen Arbeitszeitmodell lässt sich eine Tendenz beobachten, die sich in flexibleren Arbeitszeiten abzeichnet. So gibt es immer mehr Abwandlungen des klassischen Arbeitsvertrags in Werkverträge, befristete Verträge, Leiharbeit, Gleitzeit, Teilzeitverträge und Arbeitnehmer können ihre Arbeit sogar von Zuhause verrichten (Homeoffice).[45] Pongratz und Voß postulieren, dass sich der Typus des Arbeitskraftunternehmers in bestimmten Tätigkeitsfeldern besonders entwickeln wird, wie z. B. der Informations- und Kommunikationstechnologiebranche, in Medien- und Kulturberufen (Journalisten; Arbeitnehmer in der Fernsehproduktion), in der Weiterbildungsbranche, der Or-

---

[40] Vgl. *Pongratz/Voß* (2003), S. 23
[41] Vgl. *Minssen* (2012), S. 110
[42] Vgl. *Pinchot* (1988)
[43] Vgl. *Pongratz/Voß* (1998), S. 135
[44] Vgl. *Pongratz/Voß* (2003), S. 24
[45] Vgl. *Voß* (1998), S. 479

ganisationsberatung und vor allem den Unternehmen der „New Economy".[46] Allgemein handelt es sich dabei um höher qualifizierte und angesehene Berufs- bilder. Empirisch ist es bisher nicht nachweisbar, ob sich diese Entwicklung in der Arbeitswelt fortsetzen wird, insbesondere da es sich um ein Zukunftsmodell handelt. Bestreiten lässt sich der Trend trotz Gegenbewegungen (Rückkehr zum Taylorismus) aus einzelnen Bereichen jedoch auch nicht.[47] Hier verweisen Pongratz und Voß immer wieder auf branchen- und berufsspezifische Entwick- lungen.[48] Sie formulieren allerdings eine Prognose, in der der Arbeitskraftunter- nehmer als normativer Leittypus Bedeutung gewinnen wird, da er in Manage- mentkonzepten bereits als Zukunftsmodell angepriesen wird.[49]

2.3 Beispiel

Um das Modell des Arbeitskraftunternehmers zu verdeutlichen, wird folgend ein Beispiel genannt. Frau Bach ist 38 Jahre alt, verheiratet und hat zwei Kinder (5 und 7). Nach ihrer mittleren Reife hat Frau Bach eine Ausbildung zur Bankkauf- frau absolviert. Sie arbeitete in einem großen Bankunternehmen, in dem sie feste Arbeitszeiten und einen geregelten Tagesablauf hatte („Nine-to-five-Job"). In ihrer Freizeit traf sie sich nachmittags gern mit Freunden zum Plaudern und Kaffee trinken. Während ihres jährlich zur gleichen Zeit stattfindenden Urlaubs lernte sie ihren Mann kennen. Schon bald bekamen sie ihr erstes und kurze Zeit später ihr zweites Kind, weshalb Frau Bach für ein paar Jahre im Mutter- schaftsurlaub war. In ihrer ersten Arbeitswoche nach der langen Elternzeit be- merkte sie, dass sich einiges verändert hatte. Neue technische Tools mit denen sie überfordert war; das Büro war leerer als damals, denn viele Kollegen arbei- teten flexibler und teilweise von Zuhause aus, und es wurde überwiegend Eng- lisch gesprochen. Um diese neuen Herausforderungen zu meistern, beschloss Frau Bach, innerhalb ihres Unternehmens ein duales Studium in Richtung Ban- king & Finance zu beginnen. Umso mehr fachliche Kompetenzen sie aufweisen konnte, desto mehr Aufgaben wurden ihr zugeteilt. Ihr Vorgesetzter erwartete die Ergebnisse der Aufgaben stets zu einer bestimmten Deadline auf seinem

---

[46] Vgl. *Pongratz/Voß* (2003), S. 29
[47] Vgl. *Pongratz/Voß* (2003), S. 29
[48] Vgl. *ebd.*
[49] Vgl. *Pongratz/Voß* (2003), S. 30

Tisch; die Bearbeitung dieser war Frau Bach jedoch freigestellt. Sie war mit der Einteilung und Verwendung ihrer Ressourcen und flexiblen Arbeitszeit plötzlich auf sich allein gestellt (Selbst-Kontrolle), und musste zusehen, wie sie den Konflikt zwischen Arbeit und Privatleben organisiert bekommt, sodass sie auch noch Zeit für ihr Studium, aber in erster Linie für ihre Familie aufbringen konnte (Selbst-Rationalisierung). Die Treffen mit ihren Freunden tauschte sie mit Telefonaten mit einer Freundin in London, um die neue Unternehmenssprache Englisch zu intensivieren. Ihre Eltern und ihr Mann wechselten sich in der Besorgung der Einkäufe und Betreuung der Kinder ab, während sie Zuhause für Klausuren lernte oder an ihren Arbeitsaufgaben saß. Den Druck, der auf ihr lastete, diese bis zur vorgelegten Frist zu erledigen, nutzte sie als Ansporn, um sich ihrem Arbeitgeber gegenüber zu beweisen (Selbst-Ökonomisierung). Schließlich war ihr bewusst, dass sie nach ihrem Studium die Chance auf eine Beförderung oder gar eine Stelle in einem anderen renommierten Unternehmen hatte, wenn sie durchhalten würde.

2.4 Chancen und Risiken

Der neue Typus des Arbeitskraftunternehmers birgt einige Chancen, aber auch viele Risiken. So bietet der Wegfall fester Arbeitsstrukturen einen größeren Gestaltungsspielraum und Handlungsfreiheit für den Arbeitnehmer, sowohl in der inhaltlichen Bearbeitung der Aufgaben als auch in der allgemeinen Zeiteinteilung.[50] Dies kann der Arbeitnehmer auch auf andere Lebensbereiche anwenden. Je mehr er lernt, selbstorganisiert mit den neuen Freiheiten und Ressourcen umzugehen, desto interessanter wird er auch für den Arbeitsmarkt. Dies führt zu immer mehr individualisierten Berufslaufbahnen, was eine Chance darstellen könnte, sich von „normalen" Arbeitnehmern abzuheben.

Andererseits erfordert diese Durchmischung von Arbeit- und Privatleben bzw. dessen eigenständige Regulation zur Entstehung einer gesunden Balance ein hohes Maß an Selbstkontrolle und -motivation. Ebenfalls wird der Leistungsdruck durch die Entgrenzung der Arbeitsprozesse nicht zuletzt von den Unternehmen erhöht, während die schützenden Rahmenbedingungen eingeschränkt werden (Beschäftigungs- und Kündigungsschutz, Entgelteinbußen, Personal-

---

[50] Vgl. *Voß* (1998), S. 477

abbau, etc.).[51] Der Arbeitskraftunternehmer wird außerdem durch die prekäre Freiheit als ganze Person verwertbar; seine Arbeitskraft wird hierdurch zur Ware und er beginnt, sich im Sinne des Arbeitgebers selbst auszubeuten (Selbst-Ausbeutung).[52] Die Arbeitnehmer sind dadurch angehalten, sich selbst mit ihren eigenen Ressourcen zu schützen, was wiederrum noch mehr Leistung abverlangt. All diese Anforderungen können zu neuartigen psychischen arbeitsbedingten Krankheiten führen; ein Trend, der sich seit den letzten Jahren bereits stetig entwickelt.[53]

---

[51] Vgl. *Voß* (1998), S. 476
[52] Vgl. *Voß* (1998), S. 479
[53] Vgl. *Statista* (2018)

3. B3 – Fragmentierte Erwerbsbiographien

In den beiden vorangegangenen Kapiteln wurde bereits aufgezeigt, in welcher Form sich die globalen Entwicklungen auf unsere Arbeitsformen (virtuelle Teams) und Arbeitstypen (Arbeitskraftunternehmer) auswirken. Dieses Kapitel beschäftigt sich mit der Auswirkung auf die individuellen Lebensläufe von Arbeitnehmern, welche sich besonders im Zuge der Flexibilisierung der Arbeitswelt in den letzten Jahren verändert haben. Es entstehen sog. fragmentierte Erwerbsbiographien, dessen Bedeutung folgend erläutert werden soll.

3.1 Definition und Abgrenzung

Die fragmentierte Erwerbsbiographie ist zunächst abzugrenzen von der traditionellen Erwerbsbiographie, welche sich aus einer Sequenz von drei Lebensabschnitten zusammensetzt:

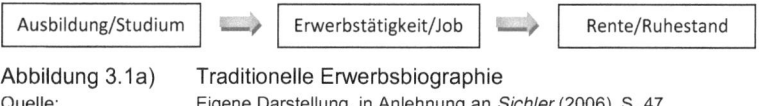

Abbildung 3.1a)   Traditionelle Erwerbsbiographie
Quelle: Eigene Darstellung, in Anlehnung an *Sichler* (2006), S. 47

In der ersten Phase, in welcher der Mensch sich weiterbildet, wird er auf die nächste Phase vorbereitet, indem er bestimmte Kompetenzen und Fähigkeiten vermittelt bekommt, um in der Kernphase der Erwerbstätigkeit, bestehen zu können. Hier eine Berufstätigkeit ausgeübt, klassischerweise in Form eines unbefristeten und strukturierten Vollzeitjobs. Eine Unterbrechung dieser Phase kommt lediglich durch Urlaub oder Freizeit zustande.[54] In der letzten Phase, dem Ruhestand, erfolgt die Belohnung für die lange Erwerbstätigkeit in der zweiten Phase.

Heutzutage wird diese Normalarbeitsbiographie vermehrt durch fragmentierte Biographien abgelöst.[55] Fragment meint hierbei ein (einzelnes) Bruchstück eines Ganzen, bzw. etwas, was nicht fertiggestellt wurde.[56] Übertragen auf den

---

[54] Vgl. *Sichler* (2006), S. 47
[55] Vgl. *Willke* (1999), S. 156
[56] Vgl. *Duden* (2018)

Lebenslauf eines Menschen bedeutet es gewissermaßen das „Brüchigwerden" der Normalarbeitsbiographie; in anderen Worten: Die klassische Dreiteilung der Erwerbsbiographie wird durch bestimmte Faktoren unterbrochen und somit die Kontinuität der Lebensphasen gestört. Daher spricht man in diesem Fall auch von diskontinuierlichen oder entstandardisierten Lebensläufen.[57] Sie bestehen aus häufig auftretenden Wechseln und/oder Unterbrechungen des Lebenslaufs wie z. B. Umschulungen, Arbeitslosigkeit oder Weiterbildungen:

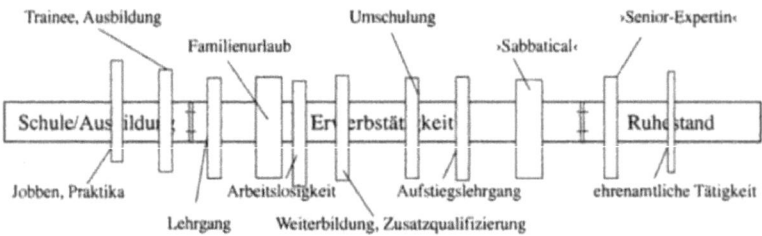

Abbildung 3.1b)   Fragmentierte Erwerbsbiographie
Quelle: *Willke* (1999), S. 157

An dieser Stelle gibt es geschlechterspezifische Unterschiede; denn während die diskontinuierlichen Lebensläufe bei Frauen bereits längere Zeit zur Normalität gehören, geschehen derartige Brüche bei Männern noch nicht lange. Anstatt den klassischen drei Phasen, gibt es bei der „weiblichen Normalbiografie" ganze fünf Phasen, da bei ihnen noch die sog. Versorgungsphase und Wiedereinstiegsphase hinzukommen.[58] Hier wird üblicherweise eine Familie gegründet sowie die Kinder von der Mutter versorgt. Nach deren Verselbstständigung oder Unterstützung in der Versorgung durch Mitmenschen, versucht die Frau wieder einen Einstieg ins Berufsleben zu finden.[59] Der Trend, dass sich die „männliche Normalbiografie" zunehmend aus mehreren Teilphasen gliedert, wird sich auch in Zukunft noch weiterentwickeln.[60]

---

[57] Vgl. *Scherger* (2007), S. 118
[58] Vgl. *Wessler-Possberg/Vomberg* (2007), S. 44
[59] Vgl. *ebd.*
[60] Vgl. *Jurczyk et al.* (2009), S. 55

3.2 Faktoren der Diskontinuität

Wie oben bereits grob erläutert, meint der Begriff Diskontinuität eine Unterbrechung der Kontinuität des Lebenslaufs durch den Eintritt von Wechseln oder Unterbrechungen.[61] Dazu gehören auch wechselnde Phasen von Erwerbstätigkeit und Arbeitslosigkeit. Gründe für diese Brüche oder Wechsel können verschiedenster Natur sein. Um einen Bruch handelt es sich, wenn eine Phase beendet wird und noch keine neue in Aussicht ist, wie z. B. der plötzliche Verlust des Arbeitsplatzes. Ein Wechsel hingegen ist bspw. ein Jobwechsel, denn hier wechselt man von der einen Erwerbstätigkeit in die andere über, ohne eine Phase der Erwerbslosigkeit (Bruch) zu erleiden.[62] Wessler-Possberg und Pomberg erwähnen drei Ebenen, auf denen die verschiedenen Merkmale von Wechseln Kategorien zugeordnet und die Diskontinuität kategorisiert werden kann.[63] Auf der ersten Ebene ist zu unterscheiden, ob der Wechsel frei- oder unfreiwillig ist, ein einmaliges oder längerfristiges Ereignis ist und ob er nur vorübergehend oder dauerhaft ist. Auf der zweiten Ebene erfolgt eine Erläuterung der „Ausgangsphase" und der „Folgephase", wie z. B. ein Wechsel aus einer Vollzeit- in eine Teilzeitbeschäftigung. Die dritte Phase beschreibt die Tätigkeit selbst, aus der oder in welche gewechselt wird, z. B. ob es sich um zwei verschiedene Berufsbranchen oder die gleiche Branche mit unterschiedlicher Tätigkeit handelt.[64] Bezogen auf konkrete Ereignisse, die einen Wechsel oder Unterbrechung der Erwerbsbiographie verursachen können (Ausbildungs-/Studienabbruch, Branchenwechsel, Sabbatical, befristete Verträge), sind diese oftmals auch auf Veränderungen privater Lebensumstände zurückzuführen. So können Trennungen, Krankheiten, Umzüge oder Geburt und Versorgung von Kindern zu einem bunten und entstandardisierten Lebenslauf führen. Die Flexibilisierung und Individualisierung des Arbeitsmarkts begünstigt zudem die Entstehung solcher Lebensläufe, nicht zuletzt durch die Einführung neuer atypischer Arbeitsmodelle und Beschäftigungsformen.[65] Diese Entwicklung wirkt sich besonders auf gering qualifizierte negativ aus, da sie den höher ausgebildeten Arbeitssuchenden bei dem Versuch des Wiedereinstiegs in einen Beruf nach

---

[61] Vgl. *Wessler-Possberg/Vomberg* (2007), S. 66
[62] Vgl. *ebd.*
[63] Vgl. *ebd.*
[64] Vgl. *Wessler-Possberg/Vomberg* (2007), S. 66-67
[65] Vgl. *Willke* (1999), S. 145

einer erwerbslosen Phase bzgl. ihrer fachlichen Qualifikationen unterlegen sind.[66] So half ein Förderprogramm vom Arbeitsamt zur Existenzgründung von Arbeitslosen („Ich-AG") (heute: Gründungszuschuss) von 2003 bis 2006 vielen gering qualifizierten Erwerbslosen aus der Arbeitslosigkeit heraus,[67] indem sie durch kurzfristig erlernbare Qualifikationen motiviert wurden, ein Unternehmen zu gründen.[68]

3.3 „Bunter Lebenslauf" – Chancen und Risiken

In der Anlage 3.3 ist ein Beispiel für einen „bunten Lebenslauf" dargestellt. Es zeigt eine fragmentierte Erwerbsbiographie und beinhaltet dabei einige bereits erwähnte diskontinuierliche Lebensphasen sowie deren Faktoren. Frau Maria Muster entscheidet sich nach ihrem Abitur für ein Studium der Sozialen Arbeit, da sie gern mit Kindern und Jugendlichen zusammenarbeitet. Nach dem Abschluss hat sie zunächst Schwierigkeiten, als Sozialarbeiterin einen Vollzeitjob zu finden. In dieser Zeit lernt sie ihren ersten Mann kennen, einen Koch, mit dem sie nach Mallorca auswandert, um ein eigenes Restaurant zu eröffnen. Nach 1,5 Jahren trennt sie sich von ihm, bleibt aber in Spanien, um auf Gran Canaria in der Deutschen Schule ein freiwilliges soziales Jahr zu absolvieren. Dort kann sie ihre Studieninhalte erstmals vertiefen und ihrer eigentlichen Leidenschaft, der Arbeit mit Kindern und Jugendlichen, nachgehen. Zurück in Deutschland folgt wiederholt eine erwerbslose Phase. Da Frau Muster die Sprache und das Leben in Spanien gut gefallen haben, entschließt sie sich, eine 2-jährige schulische Ausbildung zur Fremdsprachenkorrespondentin anzuhängen. Nach der Ausbildung bekommt sie ein Kind mit ihrem zweiten Mann und geht für ein Jahr in Elternzeit. Sie möchte anschließend viel Zeit mit ihrer Familie verbringen und nimmt eine befristete Teilzeitstelle als Empfangskraft in einer Rechtsanwaltskanzlei an. Diese Tätigkeit weckt ihr Interesse zu juristischen Themen, weshalb Frau Muster eine Weiterbildung zur Rechtsanwaltsfachangestellten anschließt. Während ihrer Vollzeitstelle in einer großen Wirtschaftskanzlei wird ihre Mutter aufgrund einer schweren Krankheit pflegebedürftig und Frau Muster muss ihren Job kündigen. Um für ihre Familie da zu sein,

---

[66] Vgl. *Szydlik* (2008), S. 16
[67] Vgl. *IAQ* (2018)
[68] Vgl. *Wessler-Possberg/Vomberg* (2007), S. 38

tritt sie wieder einen Teilzeitjob in einer kleineren Rechtsanwaltskanzlei an, in der sie die Teamleitung aller Rechtsanwaltsfachangestellten übernimmt.

Oft werden derartige diskontinuierliche Lebensläufe mit etwas Negativem asso-ziiert, jedoch haben solche Erwerbsbiographien nicht nur Nachteile, sondern auch viele Vorteile. Durch die häufigen Wechsel zwischen verschiedensten Be-rufen entwickelt Frau Müller die Fähigkeit, sich schnell in neue Aufgabengebiete einzuarbeiten. Die unterschiedlichen Branchen in denen sie arbeitete sowie auch ihre vielen Aus- und Weiterbildungen erweitert die Vielfalt ihrer Kompeten-zen erheblich. So hat sie bspw. durch ihr Studium der Sozialen Arbeit bereits die nötigen Soft Skills inne, die es für eine erfolgreiche und konfliktfreie Kom-munikation mit den Mitmenschen (besonders auf beruflicher Ebene) benötigt. Weiterhin zeigt sie durch ihren Aufenthalt im Ausland, dass sie mit kultureller Diversität umgehen kann, was z. B. bei der Arbeit in virtuellen Teams eine wich-tige Kernkompetenz darstellt. Die Gründung eines eigenen Unternehmens, die aktuelle Stelle als Teamleiterin aber vor allem ihre privaten Umstände machen deutlich, dass sie nun durchaus dazu in der Lage ist, selbstorganisiert, flexibel, motiviert und strukturiert sich selbst sowie ihr Leben und Mitarbeiter/Kollegen zu führen. Wessler-Possberg und Maaßen-Pyritz haben die wichtigsten positiven Merkmale, die überdies mit Personen mit diskontinuierlichen Lebensläufen im Zusammenhang stehen, wie folgt dargestellt:

Schlüsselkompetenzen						
Bin-dung	Kommunika-tion	Arbeitsorganisa-tion	Selbststeue-rung im Ar-beitsleben	Innere Selbst-steuerung	Stabilität (Verantwor-tung)	Führungskompe-tenz

Kognitive Kompetenz					
Auffassungsvermö-gen	Lernfähig-keit	Reflexionsfähig-keit	Erfahrungstrans-fer	Urteilsfähig-keit	Innovationsfähig-keit

Persönliche Kompetenzen			
Bewältigung	Haltungen	Balance	Konstitution
Stressverarbeitung	Stabile Werthaltung	Interkulturelle Kompetenz	Gesundheitsverhalten
Kritische Ereignisse	Selbstwirksamkeit	Balance Privat-Arbeit	

Tabelle 3.3: Diskontinuitätsbezogene Profiling-Merkmale
Quelle: *Wessler-Possberg/Maaßen-Pyritz* (2007), S. 210

Jedoch zeigen besonders die Phasen der Erwerbslosigkeit, dass es nicht leicht ist, trotz kontinuierlicher Weiterbildung jederzeit einen sicheren Beruf zu finden. Arbeitnehmer sind durch die wirtschaftlichen Entwicklungen der letzten Jahre auf dem Arbeitsmarkt einem ständigen Druck stetiger Wissenserweiterung (lebenslanges Lernen) ausgesetzt, um mit den anderen Arbeitnehmern am Arbeitsmarkt konkurrieren zu können. Am Beispiel von Frau Musters Lebenslauf lässt sich erkennen, dass die Bewältigung der beruflichen Belastungen, neben der Einräumung von Zeit für die privaten Angelegenheiten (Familie, Gesundheit, Hobbies) ein hohes Maß an Selbst-Rationalisierung erfordert. Auf Dauer solch einem Druck und steigender Belastung ausgesetzt zu sein, kann zu verschiedenen psychischen Erkrankungen, wie z B. dem Burnout-Syndrom führen.[69]

---

[69] Vgl. *Hilfe bei Burnout* (2018)

Anlagen

Anlage 3.3:   Beispiel „bunter Lebenslauf"

Lebenslauf

- Persönliche Daten

Name:	Maria Muster
Anschrift:	Musterallee 100
	12345 Musterdorf
Mobil:	0151 234 567 89
E-Mail:	maria.muster@web.de
Geburtsdatum:	06.03.1980 in Berlin
Staatsangehörigkeit:	Deutsch
Familienstand:	verheiratet, ein Kind

Bewerbungsfoto

- Praktische Erfahrungen

seit 01/2017	Leitung Team der Rechtsanwaltsfachangestellten in Teilzeit (30 Std./Woche)
	Musterrechtsanwälte Partnergesellschaft mbB, Musterdorf
07/2016 – 12/2016	Pflege eines Angehörigen
10/2015 – 06/2016	Rechtsanwaltsfachangestellte
	Wirtschaftskanzlei Muster Law LLP, Musterhausen
04/2010 – 09/2012	Empfangskraft in Teilzeit (25 Std./Woche), befristet auf 2,5 Jahre
	Mustermann & Kollegen Rechtsanwaltsgesellschaft mbH, Musterstadt
04/2009 – 03/2010	Elternzeit
11/2006 – 02/2007	Arbeitsuchend
11/2005 – 10/2006	Freiwilliges Soziales Jahr (FSJ), Deutsche Schule Gran Canaria
04/2003 – 10/2005	Gründung Restaurant „Muster Pizza", Palma de Mallorca
	Inhaberin und Geschäftsführerin
10/2002 – 03/2003	Arbeitsuchend

- Ausbildung

10/2012 – 09/2015	Weiterbildung Rechtsanwaltsfachangestellte
	Musterweiterbildungsakademie, Musterstadt
03/2007 – 02/2009	Ausbildung zur staatl. gepr. Fremdsprachenkorrespondentin (Eng/Spa)
	Musterberufsfachschule, Musterstadt
10/1999 – 09/2002	Studium Soziale Arbeit, B. A. – Schwerpunkt: Kinder- und Jugendarbeit
	Musteruniversität, Musterstadt

08/1992 – 06/1999   Allgemeine Hochschulreife, Mustergymnasium, Musterdorf

08/1986 – 06/1992   Mustergrundschule, Musterdorf

- **Sprachkenntnisse**

Deutsch	Muttersprache
Englisch	Verhandlungssicher
Spanisch	Fließend in Wort und Schrift

- **EDV-Kenntnisse**

Tastschreiben (10-Finger-System)	300 Anschläge pro Minute
Microsoft Office (Outlook, Word, Excel, PowerPoint, Lync)	Sehr gute Kenntnisse
Datev	Sehr gute Kenntnisse

- **Interessen / Hobbies**

Sport, Lesen, Kino

Musterdorf, den 10.10.2018

Literaturverzeichnis

App, S. (2013), Virtuelle Teams, 1. Aufl., Freiburg.

Jurczyk, K./Schier, M./Szymenderski, P./Lange, A./Voß, G. G. (2009), Entgrenzte Arbeit – entgrenzte Familie. Grenzmanagement im Alltag als neue Herausforderung, Berlin.

Konradt, U./Hertel, G. (2007), Telekooperation und virtuelle Teamarbeit. In: *Herczeg, M.* (Hrsg.) (2007), Lehrbuchreihe Interaktive Medien, München.

Konradt, U./Hertel, G. (2002), Management virtueller Teams. Von der Telearbeit zum virtuellen Unternehmen, Weinheim/Köln.

Köppel, P. (2007), Konflikte und Synergien in multikulturellen Teams. Virtuelle und face-to-face-Kooperation. In: *Wagner, D./Voigt, B.-F.* (Hrsg.) (2007), Beiträge zum Diversity-Management, 1. Aufl., Wiesbaden.

Kühne, A. (2010), Interkulturelle Teams. Neue Strategien der globalen Zusammenarbeit. In: *Kahle, E.* (Hrsg.) (2011), Entscheidungs- und Organisationstheorie, 1. Aufl., Wiesbaden.

Minssen, H. (2012), Arbeit in der modernen Gesellschaft. Eine Einführung, 1. Aufl., Wiesbaden.

Müller, E. B. (2011), Erfolgreich in virtuellen Teams – Strategien, Checklisten und Praxistipps, Köln.

Pinchot, G. (1988), Intrapreneuring – Mitarbeiter als Unternehmer, Wiesbaden.

Pongratz, H. J./Voß, G. G. (2003), Arbeitskraftunternehmer. Erwerbsorientierungen in entgrenzten Arbeitsformen, Berlin.

Pongratz, H. J./Voß, G. G. (1998), Der Arbeitskraftunternehmen – Eine neue Grundform der Ware Arbeitskraft?, In: Kölner Zeitschrift für Soziologie und Sozialpsychologie (KZfSS) (1998), 50. Jhg., Nr. 1, S. 131-158.

Scherger, S. (2007), Destandardisierung, Differenzierung, Individualisierung. Westdeutsche Lebensläufe im Wandel, 1. Aufl., Wiesbaden.

Schuler, H./Sonntag, K. (Hrsg.) (2007), Handbuch der Arbeits- und Organisationspsychologie, Göttingen.

Sichler, R. (2006), Autonomie in der Arbeitswelt, Göttingen.

Szydlik, M. (Hrsg.) (2008), Flexibilisierung – Folgen für Arbeit und Familie, 1. Aufl., Wiesbaden.

Voß, G. G. (1998), Die Entgrenzung von Arbeit und Arbeitskraft. Eine subjektorientierte Interpretation des Wandels der Arbeit. In: *Allmendinger, J. et al.* (Hrsg.) (1998), Mitteilungen aus der Arbeitsmarkt- und Berufsforschung, 31. Jg./1998, Stuttgart.

Wessler-Possberg, D./Vomberg, E. (2007), Diskontinuität in der Erwerbsbiographie. In: *Vomberg, E.* (Hrsg.) (2007), Chancen „bunter Lebensläufe" für KMU und soziale Einrichtungen. Diskontinuität als Potenzial erkennen – nutzen – fördern, Bielefeld, S. 29-76.

Wessler-Possberg/Maaßen-Pyritz (2007), Wie erkennt man Schlüsselkompetenzen? Entwicklung eines diskontinuitätssensiblen Kompetenz-Ermittlungsinstrumentes. In: *Vomberg, E.* (Hrsg.) (2007), Chancen „bunter Lebensläufe" für KMU und soziale Einrichtungen. Diskontinuität als Potenzial erkennen – nutzen – fördern, Bielefeld, S. 209-238.

Willke, G. (1999), Die Zukunft unserer Arbeit, 1. Aufl., Frankfurt am Main.

Internetquellen

Duden (Bibliographisches Institut GmbH) (2018). In:
https://www.duden.de/rechtschreibung/Fragment, abgerufen am
04.10.2018.

Gabler Wirtschaftslexikon (2018). In:
https://wirtschaftslexikon.gabler.de/definition/taylorismus-48480/version-271732, abgerufen am 28.09.2018.

Hilfe bei Burnout (2018). In: https://www.hilfe-bei-burnout.de/allgemeines/burnout-symptome/, abgerufen am 09.10.2018.

IAQ (2018). In: http://www.sozialpolitik-aktuell.de/tl_files/sozialpolitik-aktuell/_Politikfelder/Arbeitsmarkt/Datensammlung/PDF-Dateien/abbIV57.pdf, abgerufen am 05.10.2018.

Onpulson.de – Wissen für Unternehmer und Führungskräfte (2018) (a). In:
https://www.onpulson.de/lexikon/virtuelles-team/, abgerufen am
24.09.2018.

Onpulson.de – Wissen für Unternehmer und Führungskräfte (2018) (b). In:
https://www.onpulson.de/lexikon/multinationale-unternehmen/, abgerufen
am 25.09.2018.

RKW Rationalisierungs- und Innovationszentrum der Deutschen Wirtschaft e. V.
(2011). In: http://www2.rkw-kompetenzzent-rum.de/fileadmin/media/Kompetenzzentrum/Dokumente/Publikationen/2011_LF_Virtuelle-Teamarbeit.pdf, abgerufen am 24.09.2018.

Statista – Anteil der Arbeitsunfähigkeitstage von DAK-Versicherten aufgrund
von psychischen Erkrankungen nach Altersgruppen in den Jahren 2011
bis 2017 (2018). In:
https://de.statista.com/statistik/daten/studie/221500/umfrage/anteil-der-arbeitsunfaehigkeitstage-aufgrund-von-psychischen-erkrankungen/, ab-gerufen am 03.10.2018.